UNIVERSITÉ DE FRANCE.

ACADÉMIE DE STRASBOURG.

THÈSE
POUR LA LICENCE,

PRÉSENTÉE

A LA FACULTÉ DE DROIT DE STRASBOURG,

ET SOUTENUE PUBLIQUEMENT

Le jeudi, 22 août 1844, à midi,

PAR

JULES BREYNAT,

DE GRENOBLE (DÉPARTEMENT DE L'ISÈRE).

Qui falsas lites, falsis testimoniis petunt.
PLAUTE.

STRASBOURG,
De l'imprimerie de V.ᵉ BERGER-LEVRAULT, imprimeur de l'Académie.
1844.

FACULTÉ DE DROIT DE STRASBOURG.

M. Rauter, Doyen de la Faculté.

M. Rauter, Président de la thèse.

Examinateurs MM.
- Rauter,
- Hepp,
- Heimburger,
} Professeurs.
- Eschbach, Professeur suppléant.

La Faculté n'entend approuver ni désapprouver les opinions particulières au candidat.

DROIT CIVIL FRANÇAIS.

PREUVE TESTIMONIALE.

(Art. 1341 du Code civ.)

PREMIÈRE PARTIE.
SOMMAIRE.

A. INTRODUCTION. Notions préliminaires sur la preuve testimoniale.

B. Aperçu historique de cette preuve chez les Israélites, en Grèce, à Rome et en France.

C. Différences des législations anciennes avec la nôtre; différentes modifications apportées à cette partie du Droit civil, depuis Justinien jusqu'à nos jours : Édit de Bologne, Statuts du duché de Milan, Ordonnance de Moulins, 1566; Ordonnance de 1706; Code civil.

D. Travaux accomplis sur cette matière du Droit civil.

— *A*. En principe, nos perceptions sont les bornes de nos connaissances; où cessent nos perceptions, doivent cesser nos affirmations; mais à nos moyens naturels nous avons su joindre des moyens artificiels : de même que notre vue s'aide d'instruments qui la remplacent ou en étendent la portée, de même aussi nous nous créons quelques moyens de connaître artificiels qui suppléent à l'imperfection de nos perceptions, ou qui en continuent la portée. Ces moyens artificiels de connaître sont : l'analogie, et le témoignage des hommes.

Nous ne pouvons donc arriver à la connaissance des choses qui s'agitent hors de la sphère de nos perceptions, que par l'analogie et le témoignage des hommes. L'analogie est une opération par laquelle nous jugeons de certaines choses que nous ne connaissons pas, par d'autres choses que nous connaissons, et qui ont avec elles une ressemblance, une conformité suffisante.

Les sens et le raisonnement ne suffisent pas à l'homme, et S'Gravesande, dans son Introduction à la philosophie, a eu raison de dire, que l'auteur de la nature a voulu que le témoignage des hommes fût une preuve de la vérité.

— *B*. Dans l'ordre chronologique et logique, la preuve testimoniale occupe le premier rang.

En effet, jetons un regard rétrospectif sur ces époques douteuses, qui se perdent dans la nuit des temps. Dans ces sociétés primitives, dont l'histoire incomplète ne nous est parvenue qu'à travers de fabuleuses traditions, l'art de fixer la parole, en la représentant d'une manière durable, était inconnu; la preuve testimoniale était alors la seule manière de prouver le concours de deux ou plusieurs volontés sur un objet juridique, le seul moyen pour établir l'existence des conventions et des contrats.

Depuis que les hommes, réunis en corps de société, ont reconnu le droit de propriété, l'intérêt, la cupidité, les mauvaises passions qui, de tout temps, ont agité leur cœur, ont pu les aveugler dans les actes où ce droit peut être compromis.

Ainsi, c'est des bornes mêmes de l'intelligence humaine qu'est venu le besoin des preuves pour l'administration de la justice; mais c'est surtout dans les questions de fait, que le mensonge cherche à se revêtir de l'apparence de la vérité. C'est donc pour prévenir le désordre que pouvait introduire dans la société l'incertitude des faits, que les premiers législateurs ont prescrit aux hommes la manière de faire la preuve de la vérité par l'audition d'un certain nombre de témoins.

Chez les Israélites, leur législateur Moïse voulut que les crimes capitaux fussent prouvés par deux témoins. Lorsque le crime n'avait pas laissé de traces, il admit aussi une espèce de devination, qui fut appelée *exploratio*.[1]

Les principales lois de la Grèce lui venaient des Phéniciens qui, eux-mêmes, les avaient empruntées aux Israélites : ainsi la preuve par témoins, tant en matière civile, qu'en matière criminelle, a-t-elle été connue et pratiquée par eux.

Les Romains empruntèrent à la législation grecque les dispositions qui leur parurent utiles, et qui pouvaient s'harmoniser avec leurs nouveaux besoins.

La législation romaine se ressentit de son origine, de même que la législation grecque garda toujours un lointain reflet de celles qui l'avaient précédées.

Le Droit romain admettait ce genre de preuve, à quelque valeur que s'élevât l'objet du litige ou le montant de la cause, tant dans les actions réelles, que dans les actions personnelles, aussi bien dans les matières civiles que dans les matières criminelles.[2]

A Rome c'était de la preuve testimoniale que tiraient toute leur force les actes écrits par un tabellion. Ces actes ne faisaient pas foi par eux-mêmes ; la signature du tabellion ne suffisait pas. Ainsi, à Rome, c'était de la preuve testimoniale que la preuve littérale tirait toute sa force.

On suivit longtemps en France les maximes du Droit romain, la

---

[1] Lorsqu'il s'agissait de l'adultère, on faisait l'épreuve des eaux amères (voyez le chapitre des Nombres). Les premières époques de construction sociale chez tous les peuples, sont essentiellement religieuses ; l'élément théocratique, poussé à ses dernières conséquences, jette un caractère de superstition jusque dans la justice, qui ne peut échapper à cette influence : voyez le moyen âge avec ses épreuves barbares, où l'innocent, plus faible, laissait parfois sa vie, avec une mémoire déshonorée.

[2] *Et adhiberi testes possunt, non solum in criminalibus causis, sed etiam in pecuniaribus litibus sicuti res postulat.* (D. LXXII, tit. V).

preuve testimoniale y fut le moyen le plus usité, et presque le seul de prouver les conventions et les contrats, de même qu'à Rome elle l'emporta sur la preuve littérale, suivant l'ancienne maxime : *témoins passent lettres.*

— C. Les témoins étaient-ils autrefois plus véridiques? Non, l'humanité tourne sans cesse autour d'un même cercle, toujours agitée des mêmes passions et des mêmes erreurs.

Nous devons rechercher la cause de cette anomalie dans la barbarie des temps. Rome, essentiellement guerrière, était ignorante; en France la même raison maintient cet ordre de choses durant la rude période de Philippe-le-Bel, de Philippe-le-Long, de Louis XII et de François Ier : à mesure que la civilisation pénètre plus avant dans ces époques toutes d'actions, l'écriture devient plus commune; on crée des greffes, des tabellionages, des notariats : la preuve testimoniale rentre peu à peu dans de plus étroites limites.

Justinien fut le premier législateur qui fut frappé de ses abus; il défendit de prouver par témoins le payement d'une dette fondée sur un titre.[1]

C'est bien des siècles, après la mort de cet empereur, que l'on songea à limiter encore cette preuve; ce fut en 1454 que parut l'Édit de Bologne, approuvé par le souverain pontife, Nicolas V. Cet édit défendit l'admission de la preuve testimoniale dans certains cas.[2]

Les Statuts du duché de Milan, réformés par Louis XII, s'occupèrent des mêmes abus.

Enfin, en 1566, l'Ordonnance de Moulins, due à la sagesse du chancelier de L'hôpital, remplaça, par des dispositions à la fois sages et équitables, les formes barbares qui, pendant des siècles d'ignorance, avaient été observées sur cette matière importante.

---

[1] Dans ce cas cependant le témoignage de cinq témoins dignes de foi fut admis.
[2] Voir le Traité des preuves, par BOICEAU et DANTY.

Les effets salutaires de cette réforme ne tardèrent pas à se faire sentir et à fixer l'attention; car, dans le siècle suivant, le 11 juillet 1611, les archiducs de Flandre adoptèrent et developpèrent les dispositions de l'Ordonnance de Moulins dans l'article 19 de l'Édit perpétuel.

Cinquante-six ans plus tard, Louis XIV, guidé par les avis des plus habiles jurisconsultes de son époque, adopta l'Édit de Moulins, par l'Ordonnance de 1667, avec quelques modifications.

Un nouvel hommage attendait l'Édit de Moulins au 19.ᵉ siècle; le Code, sur cette matière, fut rédigé d'après l'Ordonnance de 1667.

— *D.* Il nous reste, pour terminer cet aperçu historique, à signaler les travaux accomplis sur cette matière, et à saluer, en passant, quelques noms illustres dont les travaux ont éclairé cette partie du Droit civil.

Nous citerons d'abord BOICEAU, jurisconsulte distingué au présidial de Poitiers; BOICEAU ne tarda pas à s'apercevoir que les meilleures lois avaient besoin d'être commentées, et, dans l'intérêt public, il offrit à sa patrie le fruit de ses méditations sur la preuve par témoins en matière civile.

Un siècle s'était écoulé depuis l'émission de l'Ordonnance de Moulins, qui d'ailleurs n'était plus en vigueur par l'Ordonnance de 1667, lorsque DANTY, avocat recommandable par ses vertus, autant que par sa profonde érudition, reconnut que le commentaire de BOICEAU, pour être reproduit, devait être mis en corrélation avec la loi nouvelle.

Une entreprise aussi difficile fut exécutée avec un rare bonheur, ce qui assura à son auteur un rang parmi les premiers jurisconsultes.

Nous citerons encore le nom de DESQUIRON, et, dans des temps plus modernes, DURANTON et TOULLIER, que la mort a malheureusement arrêté dans sa savante et laborieuse carrière.

Je terminerai la partie préliminaire de ce travail par cette réflexion, propre à excuser ce qu'il pourrait avoir d'imparfait : la loi sur la preuve par témoins, est une loi d'exception; or rien n'est plus difficile à rédiger et à commenter qu'une loi de cette espèce.

DEUXIÈME PARTIE.

SOMMAIRE.

A. Généralités. But de la loi; question au sujet du dépôt volontaire.

B. Exception; bail verbal; la preuve testimoniale peut-elle être admise au-dessus de cent-cinquante francs, lorsque la partie adverse y consent ?

C. A quel moment faut-il remonter pour savoir si la preuve testimoniale peut être admise?

D. Articles 1345, 1346.

— *A.* « Il doit être passé acte devant notaires, ou sous signature privée, « de toutes choses excédant la somme ou valeur de 150 fr., même pour « dépôts volontaires, et il n'est reçu aucune preuve par témoins contre « et outre le contenu aux actes, ni sur ce qui serait allégué avoir été « dit avant, lors ou depuis les actes, encore qu'il s'agisse d'une somme « ou valeur moindre de 150 francs (art. 1341).

L'article 1341 est une exception posée au Droit commun, exception qui devient une règle générale pour tous les cas qui peuvent se rapporter à l'exception.

Le but de la loi est d'obliger les parties à constater par écrit les faits qui les intéressent, pourvu toutefois que leur intérêt excède 150 fr.; car, s'il est moindre, la surbornation est moins à craindre; il serait d'ailleurs trop rigoureux d'assujettir les parties, qui peuvent ne pas savoir écrire, aux frais d'un acte notarié. Cette obligation (qui, au surplus, ne constitue pas une condition de validité, et dont la sanction consiste uniquement dans l'exclusion de la preuve testimoniale) s'applique à tout fait obligatoire ou libératoire; elle comprend même le dépôt, mais seulement le dépôt volontaire.

Cependant il s'éleva des doutes au sujet du dépôt volontaire.

La foi due au dépôt est inviolable et sacrée : exiger un acte pour le prouver, c'est blesser l'ancienne bonne foi, qui veut qu'entre amis le dépôt se fasse sans sûretés.

Mais le dépôt est un contrat. Il était donc compris sous la disposition de la loi.

Où était donc le doute? Quelle raison invoquer pour s'écarter du texte de la loi?

C'était l'équité! L'équité! la grande raison que l'on jette souvent en avant, lorsque l'on veut s'écarter arbitrairement du texte positif d'une loi. Au reste, que serait-il arrivé, si l'on eût consacré ce principe, aussi contraire au texte qu'à l'esprit de la loi? Une foule de contestations affligeantes seraient venues augmenter les germes de discorde qui déchirent le monde. On ne doit jamais invoquer l'équité pour chercher dans la loi des exceptions qui n'y sont pas. Ainsi, la règle générale posée par la loi, défend de recevoir la preuve testimoniale des conventions et des contrats au-dessus de la valeur de 150 francs, toutes les fois qu'il a été possible de se procurer une preuve écrite.

Le complément logique de cette disposition de la loi, est l'admission de la preuve testimoniale pour les conventions dont la valeur n'excède pas 150 francs. En outre, quelle que soit la valeur de ces conventions, s'il existe un écrit, les parties ont dû y retracer fidèlement et exactement le fait qui les intéresse. La loi le suppose, et refuse en conséquence la preuve testimoniale contre et outre le contenu de cet écrit.

— *B.* La règle générale posée, parlons de l'exception. Une seule existe : c'est celle qui concerne la preuve du bail verbal (art. 1715).

« Si le bail fait sans écrit n'a encore reçu aucune exécution, et que
« l'une des parties le nie, la preuve ne peut en être reçue par témoins,
« quelque modique qu'en soit le prix, et quoique on allègue qu'il y a
« eu des arrhes données. Le serment peut seulement être déféré à celui

« qui nie le bail. » Si le bail a commencé et qu'il s'élève une contestation sur le prix, et qu'il n'existe point de quittance, le propriétaire sera cru sur son serment.

Une question se présente dans l'application de la prohibition portée par l'article 1341. C'est lorsque les parties consentent à l'emploi de cette preuve au-dessus de 150 francs. Au premier abord, il semble que les parties sont bien libres de transiger sur la preuve de leur droit, comme sur le droit lui-même; mais la loi est formelle à cet égard : « Il n'est reçu aucune preuve par témoins, » dit l'article 1341; « la preuve par témoins ne peut être reçue, » dit l'article 1715. Ce ne sont point les parties qui reçoivent la preuve, ce sont les juges.

Remontons plus haut, allons aux sources mêmes de la loi. L'édit perpétuel des archiducs de Flandre, puisé dans l'ordonnance de Moulins, dit expressément : « Sans que les juges puissent recevoir aucune preuve « par témoins. » C'est donc aux juges que la loi défend de recevoir la preuve testimoniale dans les cas où elle est défendue; la volonté des parties est donc impuissante, puisqu'elle ne peut dégager le juge ou le dispenser d'obéir à la loi.

Comme conséquence inévitable de ces principes, il résulte qu'un jugement, rendu sur une enquête ordonnée contre la défense de la loi, pourrait être soumis à la censure et devrait être cassé.[1]

―――――

— *C.* La modicité de la somme due pouvant seule dispenser de l'obligation de faire dresser un acte, cette obligation commence au moment où la somme, d'abord inférieure à 150 francs, vient à excéder cette valeur, ce qui arrive notamment par l'accroissement des intérêts (art. 1342).

A plus forte raison, c'est au moment où l'obligation a été formée qu'il faut se reporter pour savoir si elle peut être prouvée par témoins.

[1] TOULLIER est de cette opinion, que nous adoptons contrairement à DUPARC-POULLIN, dans ses Principes du Droit, t. IX, page 301.

Si, dans l'origine, la somme excédait 150 francs, le créancier qui ne l'a pas fait constater par écrit est dans son tort, il a désobéi à la prohibition de la loi.

Ce principe ainsi posé nous aidera à résoudre une foule de questions qui ressortent naturellement du sujet. En réduisant à 150 francs sa demande, le créancier peut-il être admis à faire la preuve par témoins? Non; car cette réduction tardive ne couvre pas la contravention faite à la loi; le créancier a désobéi à la loi, la loi est rigoureuse envers lui. *Quid?* Si la demande est le restant d'une somme supérieure à 150 fr. C'est au moment de la formation de la convention que l'on doit se reporter; au moment de la convention, la somme était supérieure à 150 francs, donc le créancier ne peut invoquer un droit, qu'il n'a jamais eu, puisque l'origine de ce droit est au moment même de la formation de la convention. Les mêmes principes peuvent s'appliquer au cas où les intérêts réunis à la demande principale excèdent 150 fr.; car on peut dire que la convention originairement inférieure à 150 fr., contenait virtuellement les germes d'une convention plus forte et que par conséquent le créancier se trouvait dans les cas prévus par la prohibition. Mais si l'action n'est point encore formée, le créancier, pour être admis à la preuve testimoniale, peut-il réduire à 150 francs une créance supérieure à cette somme? Il est peu digne de la majesté des lois de faire dépendre le succès d'une contestation, d'une réticence frauduleuse, nous croyons qu'ici encore doit s'étendre la prohibition.

— D. L'obligation de constater par écrit une convention, commençant à l'instant où la dette d'une personne envers une autre se trouve dépasser la somme de 150 fr., il importe peu que l'augmentation provienne de nouveaux engagements successivement formés pour diverses causes : il suffit qu'en masse ces engagements excèdent la limite de la prohibition, pour qu'on n'admette point la preuve testimoniale. La loi toutefois excepte avec raison le cas où les dettes ou créances procèdent de différentes personnes; car alors il n'y a eu à aucune époque contravention à l'obligation de passer acte. La règle qui refuse la preuve par témoins au-dessus de 150 francs, serait facilement éludée s'il avait été loisible au créancier d'introduire, pour chaque créance, une instance séparée. De là l'obligation de réunir en une seule demande toutes celles qui ne seraient pas entièrement justifiées par écrit.

Les dispositions portées dans les articles 1345 et 1346, ont justement soulevé la critique de la plupart des commentateurs du Code. Présentée par M. Pussort, rédacteur de l'ordonnance de 1667, cette application de la prohibition fut combattue par le président Lamoignon. Les arguments présentés par ce jurisconsulte étaient pressants. Il dit : « Cet article était contre le Droit et l'usage. Si, par exemple, il est dû « trois cents livres, pour diverses causes, que la preuve en soit diffé- « rente, que les témoins et les lieux le soient aussi...? » Malgré cette argumentation sans réplique, le rédacteur conserva son projet, qui fut porté avec quelques modifications dans l'ordonnance, ainsi qu'un article supplémentaire pour empêcher qu'on éludât la disposition. La précipitation avec laquelle fut rédigé le Code civil, fut la cause que les deux articles 1345 et 1346 passèrent dans notre Code.

Arrivons à la dernière partie de l'article 1345. La preuve testimoniale doit être reçue, quoique les demandes réunies excèdent 150 francs, lorsque les droits procèdent par succession, donation, ou autrement, de personnes différentes.

Plusieurs cas peuvent se présenter où les héritiers succèdent à une somme supérieure à 150 francs, qui se divise accidentellement sur leurs têtes. Ou deux ou plusieurs héritiers héritent de différentes créances inférieures, séparément, mais qui, réunies, excèdent 150 francs. Dans le premier cas, la négative est évidente, car c'est à l'origine de la créance qu'il faut se reporter pour savoir si la preuve testimoniale peut être admise. Dans le second cas, au contraire, la preuve testimoniale doit être admise, parce que les héritiers, n'ayant à réclamer chacun qu'une créance inférieure à 150 francs, ne se trouvent pas dans le cas de leur auteur, qui était forcé de réunir dans un même exploit les deux demandes. C'était une obligation personnelle qui a cessé par sa mort, puisque la même obligation ne saurait être imposée à chacun de ses héritiers.

Pour terminer l'exposition de la prohibition de l'article 1341 et suivants, je ferai observer que les lois d'exception au Droit commun, doivent être entendues d'une manière restrictive.

L'on ne doit pas pousser aux dernières conséquences ce qui a été établi contre le Droit naturel et commun.

TROISIÈME PARTIE.

SOMMAIRE.

A. PREMIÈRE EXCEPTION. Commencement de preuve par écrit; ce que l'on entend par ces mots.

B. L'article 1347 doit-il être entendu d'une manière démonstrative ou limitative?

C. Exception relative à l'acte sous seing privé; latitude laissée à l'arbitraire du juge.

— *A.* La règle générale posée, nous arrivons naturellement aux exceptions. Elles sont au nombre de trois; nous les développerons en suivant l'ordre tracé par le Code.

La première concerne le cas où il existe un commencement de preuve par écrit. On conçoit que la loi puisse permettre de corroborer par la preuve testimoniale ce qu'elle ne permet pas d'établir de cette manière. Ainsi, les règles que nous venons de développer, n'ayant leur raison d'être que dans les dangers et l'incertitude de ce genre de preuve, reçoivent exception quand il existe un commencement de preuve par écrit.

Pour résoudre toutes les questions qui pourraient s'élever relativement à cette exception, il suffit de déterminer, d'une manière claire et précise, *ce que la loi entend par ces mots : un commencement de preuve par écrit*. Pour savoir ce que nous devons entendre par ces mots, *un commencement de preuve*, il faut rechercher ce que l'on entend par une preuve.

Une preuve est tout ce qui persuade l'esprit d'une vérité[1]. Un commencement de preuve sera donc tout ce qui commencera cette persuasion sans l'achever; ce sera donc toute preuve incomplète; ce que les interprètes du Droit romain appelaient une semi-preuve, *semiplenam probationem*. Mais, pour que la loi permette à cette demi-preuve de se corroborer par la preuve testimoniale, il faut que ce commencement de preuve résulte d'un écrit. Le législateur craignant encore le doute, dans l'interprétation de ces paroles un commencement de preuve par écrit, déclare, d'une manière claire et précise, ce qu'il entend par là.

« On appelle ainsi tout acte par écrit qui est émané de celui contre « lequel la demande est formée, ou de celui qu'il représente et qui rend « vraisemblable le fait allégué. »

Sous l'empire de l'ordonnance de 1667, de très-grands doutes s'étaient élevés sur la question de savoir, si ce commencement de preuve par écrit devait être signé par les parties; si un commencement de preuve par écrit, émané d'un tiers, était suffisant. L'article 1347 du Code civil a fait cesser toutes ces incertitudes. Cet article ne dit point, comme Danty et quelques autres commentateurs de l'Ordonnance de 1667, qu'il faut que cet acte soit signé des parties; il dit, d'une manière plus générale, que l'écrit doit en être émané. Mais, pourquoi l'article 1347 exige-t-il que ce commencement de preuve par écrit soit émané de la partie contre laquelle la demande est formée ou de celui qu'il représente? Cette disposition n'est qu'une conséquence des articles 1319-1322, qui établissent, que les actes sous seing privé et même authentiques, ne font foi qu'entre les parties contractantes, leurs héritiers ou ayants

---

[1] Domat.

cause. Ces actes, faits par des tiers, ne pouvant servir de preuve, ne peuvent servir de commencement de preuve.

___

— *B*. Maintenant s'élève la question de savoir, si l'on doit interpréter cette disposition d'une manière limitative ou démonstrative. Or, la disposition d'une loi est démonstrative, toutes les fois que la loi ne la limite pas; ce qui a lieu dans l'article 1347.

Nous pouvons donc, avec M. TOULLIER, et contrairement à M DURANTON, conclure hardiment que, dans les cas où les actes, quoique non émanés de la partie adverse, sont de nature à faire preuve contre lui; ils peuvent, à plus forte raison, servir de commencement de preuve par écrit. Enfin, pour terminer toute espèce d'incertitude à cet égard, le Code civil nous donne, dans les articles 1335 et 1336, des exemples d'écritures qui ne sont point émanés de celui contre qui la demande est formée.

Il reste à parler des actes émanés de celui contre qui la demande est formée; actes qui sont la source de plus grandes difficultés que les premiers. La raison en est facile à comprendre; les actes non émanés des parties, et qui peuvent servir de commencement de preuve par écrit sont presque tous indiqués par la loi; tandis que les autres, à une petite exception près, ne sont indiqués par la loi que d'une manière vague et indéfinie. En effet, l'article 1347 admet indéfiniment, d'une manière générale, tous les actes qui peuvent rendre vraisemblable le fait allégué. Le nombre de ces écrits n'a pas logiquement de bornes, et il était impossible au législateur de les déterminer; il a donc dû laisser à la conscience des juges le soin de les admettre ou de les repousser.

___

— *C*. Ainsi, hors le cas des actes sous seing privé en due forme, mais dont la signature est déniée ou méconnue, et dont la loi ordonne expressément la vérification, sans permettre aux juges de la refuser, le Code leur laissa la plus grande latitude dans l'acceptation ou le rejet des commencements de preuves par écrit. Dans les articles 1320, 1335, 1336 la loi se sert du verbe pouvoir; la loi n'impose pas aux juges une règle invariable; mais elle leur donne seulement une faculté dont ils peuvent se servir, selon les inspirations de leur conscience.

En établissant ces dispositions, le législateur s'est montré sage. En effet, la vraisemblance varie selon les circonstances qui varient sans cesse; il était donc impossible de former une jurisprudence basée sur la variation perpétuelle des choses de ce monde.

QUATRIÈME PARTIE.

SOMMAIRE.

A. Deuxième Exception. Impossibilité de se procurer une preuve par écrit, Joly de Fleury; les deux principes de Pothier.

B. Application de cette seconde exception; quasi-contrats, délits, quasi-délits.

C. Action publique, action civile.

D. Seconde application de l'article 1348.

— *A.* La seconde exception apportée à la prohibition de l'article 1341 est celle qui est fondée sur l'impossibilité de se procurer une preuve par écrit.

L'Ordonnance de Moulins passa cette exception sous le silence, pensant qu'il était inutile d'en parler : *impossibilium nulla obligatio.*

Avant d'entrer dans les développements de l'article 1348, qui établit cette seconde exception, je citerai, d'après M. Toullier, les paroles du célèbre avocat général Joly de Fleury :

« Quand la loi a voulu qu'il fut passé acte de toutes choses excédant « la valeur de 100 livres (150 francs), elle n'a pu comprendre dans sa dis- « position que les choses dont on peut passer acte.

« La loi, toujours sage, n'a pas voulu réduire les hommes à pratiquer
« une chose impossible.

« C'est pour cela que les choses qui ne peuvent se réduire par écrit,
« qui ne sont pas susceptibles de conventions, n'ont jamais été comprises
« dans cette disposition.

« Tels sont, en particulier, tous les délits qui, bien loin de pouvoir faire
« la matière d'un acte, se commettent toujours avec la précaution du secret.

« Si dans ces cas il n'est pas possible d'avoir des actes pour les prouver
« et que la première disposition de l'ordonnance ne puisse avoir lieu,
« on ne peut douter que la seconde disposition n'y ait aucune application.

« Elle défend la preuve par témoins, parce qu'elle enjoint de passer
« des actes; elle ne peut donc la défendre dans les cas où il n'est pas
« possible d'avoir cette sûreté. »

Pothier a formulé deux principes, dont la déduction peut servir à résoudre toutes les questions sur l'admissibilité de la preuve par témoins.

Premier principe. Celui qui a pu se procurer une preuve écrite n'est pas admis à la preuve testimoniale pour les choses excédant la valeur de 100 livres (150 fr.).

Deuxième principe. Toutes les fois qu'il n'a pas été possible de se procurer une preuve écrite, la preuve testimoniale est admise.

Ces deux principes ont une liaison intime, et le second n'est que le corollaire du premier. Le Code a copié le dernier dans l'article 1348. Mais de quelle impossibilité a voulu parler le législateur; est-ce une impossibilité physique; est-ce une impossibilité morale? Le législateur laisse ici une grande latitude au juge; comme l'article 1347, l'article 1348 doit être interprété d'une manière démonstrative; ce dont il est facile de se convaincre en examinant l'article 1348 et les exemples d'impossibilité qu'il donne.

— *B.* Cette seconde exception, dit-il, s'applique

1.º Aux obligations qui naissent des quasi-contrats et des quasi-délits et des délits;

2.° Aux dépôts nécessaires faits en cas d'incendie, ruine, tumulte ou naufrage, et à ceux faits par les voyageurs en logeant dans une hôtellerie; le tout suivant la qualité des personnes et les circonstances du fait;

3.° Aux obligations contractées en cas d'accidents imprévus où l'on ne pourrait pas avoir fait des actes par écrit;

4.° Au cas où le créancier a perdu le titre qui lui servait de preuve littérale, par suite d'un cas fortuit, imprévu et résultant d'une force majeure.

Les exemples exposés dans le premier numéro sont presque toujours des cas où il était impossible de se procurer une preuve littérale.

Les quasi-contrats. Les obligations qui naissent de ce que l'on appelle quasi-contrat se forment sans le fait et la participation de celui envers lequel elles sont contractées; il ne pouvait donc constater par écrit une chose qui s'est accomplie sans son concours. Je citerai, comme exemple, le quasi-contrat : *negotiorum gestorum*.

Le n.° 1 de l'article 1348 parle d'une autre espèce d'impossibilité résultant d'un quasi-délit ou d'un délit.[1]

L'article 1382 nous donne une juste idée du délit et du quasi-délit : c'est un fait illicite, puisque l'on ne peut le commettre sans faute, et un fait qui cause à autrui un dommage. Le dol ou l'intention de nuire c'est ce qui distingue le délit du quasi-délit. Ils ont cela de commun qu'ils obligent à la réparation du tort causé (art. 1382). Il n'est pas nécessaire, pour constituer un quasi-délit, qu'il y ait un fait positif; il suffit qu'il y ait un tort causé par imprudence ou négligence (art. 1383).

---

[1] L'expression quasi-délit, dont se sert le Code, ainsi que celle de quasi-contrat, est empruntée aux interprètes du Droit romain; ils ont désigné sous ce nom la source de certaines obligations qui ne viennent ni d'un contrat, ni, à proprement parler d'un délit, étaient dites naître *quasi ex delicto*. Du reste, il ne paraît nullement certain, qu'à Rome le caractère du délit proprement dit, résida comme on l'a longtemps enseigné, dans l'intention de nuire. Voyez M. Ducauroy, Inst. en pl. n.° 1147.

— *C*. Des délits ressortent deux actions : l'action publique et l'action civile; actions qui, à raison de connexité, peuvent se poursuivre cumulativement. L'action publique ou criminelle admet la preuve testimoniale à quelque valeur que ce soit. De là un moyen ou plutôt un prétexte pour éluder la prohibition.

Le législateur, en permettant de poursuivre l'action civile en même temps et devant les mêmes juges que l'action publique, n'a pas voulu poser une exception à l'article 1341.

MERLIN a parfaitement saisi l'intention de la loi, qu'il a formulée dans cette maxime : Il ne peut avoir lieu à l'action criminelle, que dans les cas où l'action civile permet la preuve testimoniale; en d'autres termes, que partout où la preuve testimoniale est interdite, l'action criminelle ne doit pas être reçue pour réparation d'un délit. Ainsi, le tribunal criminel se déclarera incompétent toutes les fois que la criminalité dépendra d'un fait préjudiciel qui ne pourra être prouvé par témoins.

— *D*. Le n.° 2 de l'article 1348 fait encore l'application de l'exception d'impossibilité :

« Aux dépôts nécessaires faits en cas d'incendie, ruine, tumulte ou « naufrage;

« A ceux faits par les voyageurs en logeant dans une hôtellerie; le tout « suivant la qualité des personnes et les circonstances du fait. »

Les exemples que donne le législateur ne sont pas donnés dans un sens limitatif; ils s'appliquent à tous les accidents imprévus qui peuvent forcer à faire un dépôt imprévu et nécessaire.

Dans le n.° 3 de l'article 1348, le législateur a encore voulu laisser ici la conscience du juge arbitre du degré d'impossibilité suffisante pour dispenser le créancier de se procurer une preuve littérale.

L'article 1348 fait une quatrième application de l'exception d'impossibilité. Au cas où le créancier a perdu le titre qui lui servait de preuve littérale, par suite d'un cas imprévu et résultant d'une force majeure,

Cette dernière application n'est que la conséquence logique et nécessaire du principe qui permet l'emploi de la preuve testimoniale, lorsqu'il n'a pas été possible de se procurer une preuve littérale.

Le motif d'impossibilité survenue s'applique au cas de perte du titre, pourvu que cette perte provienne d'un cas fortuit, et résultant d'une force majeure; pourvu, par conséquent, qu'elle ne puisse aucunement être imputée à faute à la partie.

Il était dans les sentiments de l'équité de ne pas priver d'un droit acquis la personne qui, s'étant conformée à la loi et qui n'a perdu son titre que par un malheur imprévu et résultant d'une force majeure.

CINQUIÈME PARTIE.
SOMMAIRE.

A. Troisième Exception relative au commerce; cause de cette exception.

B. Interprétation de l'article 109 du Code de commerce; arrêt de la Cour de cassation.

C. Exception à l'exception, en faveur de certains contrats.

— *A.* Cette troisième exception est relative au commerce.

La bonne foi et la célérité sont l'âme du commerce; le placer en dehors du Droit commun, pouvait bien offrir quelques inconvénients; mais ces inconvénients ne pouvaient entrer en pondération avec le mal inévitable qui serait résulté de l'admission de la prohibition.

Aussi, lorsqu'il fut question de soumettre le commerce au Droit commun, de tous les points de la France s'élevèrent d'énergiques protestations.

Le commerce départemental est perdu. Bientôt il n'y aura plus de « bonne foi; » disait le tribunal de commerce d'Autun, après avoir établi que la majeure partie des affaires dans les départements se font par des personnes illettrées. « S'il fallait, » disait le tribunal de commerce de

Lyon, « dans tous les cas un commencement de preuve par écrit, il « deviendrait presque impossible de prouver une vente. » Ces réclamations impressionnèrent vivement les commissaires rédacteurs du Code de commerce, et l'article 69 du projet fut définitivement rédigé tel qu'il a été adopté; il forme l'article 109 du Code de commerce :

« Les achats et les ventes se constatent . . . . etc.
« par la preuve testimoniale, dans les cas où le tribunal croira pouvoir
« l'admettre. »

— *B.* Une question s'était élevée sur l'interprétation de l'article 109 du Code de commerce; le législateur avait-il voulu limiter aux achats et aux ventes l'admission de la preuve testimoniale?

Au premier abord il semble que la loi ait voulu laisser les autres cas sous l'empire de la règle générale, suivant cet aphorisme de BACON : *Nam ut exceptio firmat regulam in casibus non exceptis; ita enumeratio firmat eam in casibus non enumeratis.*

Cependant telle n'as pa été l'intention du législateur, qui était de laisser subsister l'ancienne jurisprudence des tribunaux de commerce, qui admettait la preuve testimoniale dans tous les cas.

Cette interprétation de la loi a été adoptée par la Cour suprême, dans un arrêt du 11 novembre 1813.

— *C.* La loi a certainement voulu que l'on apportât dans l'admission de cette preuve une très-grande réserve.

Cependant dans sa libéralité le législateur n'a pas cru devoir comprendre certains contrats, dont la haute importance exigeait de plus sévères garanties.

La loi fit donc une exception en ce qui concerne les contrats à la grosse, les contrats d'assurance, les contrats de société en nom collectif ou en commandite.

SIXIÈME PARTIE.

SOMMAIRE.

Caractères que doit réunir le témoignage pour faire preuve. Quel doit être son influence auprès des juges ?

Il nous reste, pour terminer cette matière, à rechercher dans la nature même de la preuve testimoniale et dans les dispositions de la loi, quels caractères doit réunir le témoignage pour former une preuve.

Sans vouloir poser d'une manière dogmatique quelles conditions doivent réunir les dispositions des témoins, nous tracerons d'une manière sommaire à quels caractères généraux devra se reconnaître la vérité du témoignage des hommes.

Pour arriver à ce but, nous examinerons la preuve testimoniale sous trois aspects différents :

1.º La nature et la qualité des faits à prouver;
2.º L'estime que l'on doit avoir pour la personne du témoin;
3.º La pondération des témoignages entre eux, et avec les faits constants.

1.º *Nature et qualité des faits à prouver.*

Une question préjudicielle à la bonne foi des témoins doit être celle de la possibilité et de la vraisemblance des faits à prouver. Une foule de circonstances peuvent rendre les faits à prouver vraisemblables ou invraisemblables, inspirer ou éloigner la confiance.

Tant de choses peuvent influer sur le jugement et la mémoire des hommes : le temps, qui affaiblit le souvenir; la distance : il faudra donc distinguer si ces faits sont récents ou anciens, s'ils sont simples ou compliqués, permanents ou transitoires.

Un des premiers caractères que doit offrir un témoignage, c'est que le témoin ait été présent au fait qu'il raconte. Encore faut-il que ces faits soient non-seulement possibles, mais encore vraisemblables; toute la bonne foi d'un témoin, son caractère, doit tomber devant l'impossibilité ou même l'invraisemblance; car l'erreur est aussi vieille que le monde, et personne n'est sûr d'en être exempt.

2.° *L'estime que l'on doit avoir pour la personne du témoin.*

Il ne suffit pas que le fait à prouver soit vraisemblable; il ne suffit pas que le témoin connaisse la vérité : il faut encore qu'il veuille la faire connaître.

C'est surtout dans l'incertitude de la bonne foi ou de la mauvaise foi du témoin, que consiste l'incertitude de la preuve testimoniale. Ici la tâche du juge, qui doit apprécier et peser le témoignage, devient difficile et délicate.

Que de causes peuvent influer la bonne foi des témoins! L'intérêt, les passions, ces grandes sources de l'injustice humaine, l'amitié même.

Aussi le juge doit-il voir dans quelles circonstances parle et agit le témoin, quel intérêt peut influencer sa déposition; les antécédents du témoin, sa réputation, sa moralité, sa position. Toutes ces choses doivent entrer en balance dans la conscience du juge, avant qu'il forme sa conviction.

Le législateur ne pouvait pas, en formant la synthèse générale de tous les faits, de toutes les circonstances, qui peuvent se présenter, indiquer au juge une route au milieu de ce dédale; il n'a pu qu'indiquer certains cas où la présomption de certaines influences sur l'esprit du témoin pût faire craindre une partialité.

L'article 283 du Code de procédure, 268 du même Code et les articles 42 et 43 du Code pénal établissent, en les énumérant, quels sont les cas de reproche, c'est-à-dire, les circonstances dans lesquelles un témoin peut être le plus facilement influencé, et dans ces cas la prudence du législateur écarte ces témoignages.

3.° *De la pondération des témoignages entre eux et avec les faits constants.*

Il me reste à examiner la question que peut faire naître la contradiction, les oppositions des témoignages au milieu des assertions contraires; à quel signe le juge reconnaîtra-t-il la vérité, quelle règle suivre?

Pour résoudre cette question, il suffira de rappeler que la preuve testimoniale n'est jamais une conviction imposée au magistrat; c'est un moyen qui lui est offert pour la former : sa conscience sera donc le seul juge, le juge en dernier ressort, pour prononcer quelle foi doit mériter tel ou tel témoignage.

En suivant les simples impulsions de l'humaine raison, le juge préférera la déposition d'un homme probe à celle d'un fripon, d'un homme sensé à celle d'un homme qui ne le serait pas; une déposition qui s'accorderait avec des faits existants et connus, à une qui serait en contradiction avec eux.

Le nombre des témoins nécessaires pour établir la conviction du juge, n'a pas été fixé par notre Code; cependant le nombre des témoins doit être un motif déterminant; car il est plus probable qu'une chose est vraie, lorsque plusieurs personnes s'accordent à la soutenir, que si cette assertion était le résultat d'un témoignage isolé. Mais il serait faux de croire que la conviction du juge doit flotter entre la majorité des témoignages; la conscience du juge ne serait plus que le résultat inintelligent d'un nombre.

Plusieurs choses peuvent entrer en balance avec le nombre des témoins:

1.° La qualité des témoins;

2.° La teneur et les qualités de chaque déposition.

Deux hommes honnêtes affirmant une chose, doivent paraître plus dignes de foi que dix fripons qui la nient.

Et le pieux et savant NICOLE, dans son excellente Dissertation sur les mauvais raisonnements que l'on commet dans la vie civile, a raison de dire :

« Souvent on ne regarde que le nombre des témoins, sans considérer « si ce nombre fait qu'il soit plus probable qu'on ait rencontré la vérité : « ce qui n'est pas raisonnable : » *Non enim ad multitudinem respici oportet sed ad sinceram testimoniorum fidem, et testimonia quibus potius lex veritatis adsistit.* [1]

C'est surtout dans le cas de collision entre les témoignages que se fait sentir le besoin d'une utile réforme dans le Code de procédure.

Se conformant à un ancien usage que rien ne semble justifier, le Code de procédure a établi que, dans les matières civiles ordinaires, les témoins ne seront point entendus à l'audience; mais que leur déposition sera reçue par un commissaire, assisté de son greffier, les parties et leurs avoués duement appelés, la loi permet au commissaire de faire au témoin, soit d'office, soit sur la réquisition des parties, les interpellations qu'il jugera convenables pour éclaircir sa déposition (art. 273). Ces dépositions, consignées dans le procès-verbal du commissaire, sont ensuite lues à l'audience.

« Mais combien ces dépositions, écrites presque dans le secret, et déro- « bées à l'imposante publicité de l'audience, s'écrie M. TOULLIER, sont « froides et peu saisissantes, auprès de ces dépositions orales et animées « faites en présence du public et des magistrats assemblés ! »

Dans les dépositions publiques, tout impressionne vivement le témoin tenté de faillir à sa conscience : c'est l'appareil de la justice, les hommes qui le jugent et l'observent; le drame qui s'agite autour de lui; de l'enceinte même de ce temple de la justice, peut sortir un démenti innattendu !

Et quels moyens énergiques le juge a-t-il pour parfaire sa conviction ? La contenance du témoin, sa figure, les altérations de sa voix. Ajoutons à cela la faculté d'interroger. Le témoin mensonger n'aura pas toujours la présence d'esprit nécessaire pour répondre à une question imprévue : troublé par les reproches de sa conscience, par la crainte de voir se dé-

---

[1] L. 21, §. III, *De testibus*.

couvrir son imposture, la vérité sortira et viendra éclairer la religion du juge.

Un empereur romain, Adrien, disait avec raison : « J'en crois les témoins, et non les témoignages écrits : » *Rescripsit se testibus, non testimoniis crediturum : namque ipsos interrogare soles.*

Parce que je puis les interroger, c'est-à-dire, juger et apercevoir la vérité au milieu de ces mille choses insaisissables qui remplissent l'action de l'audience, et qu'un procès-verbal ne pourra jamais rendre.

Sous le point d'économie pratique, cette réforme serait utile; car elle diminuerait de beaucoup les frais du procès.

Les parties seraient plus sûrement et moins chèrement jugées.

JUS ROMANUM.

DE TESTIBUS.

Licet omnia quæcumque ei inserviant fini, ut rei dubiæ eruatur veritas[1], in principalibus modis numeratur testimonium. Testes sunt qui in litibus de re dubia testimonium dicant, et ea quæ ipsi sensibus perceperunt indicant[2]. Testes adhibentur in confectione actorum publicorum aut privatorum. Apud Romanos usus frequens et necessarius ad firmandam scriptorum fidem, et rationem dicere debemus ab testibus litterarum probatio vires trahebat.

Scripta per se fidem non habebant et tabellionis signum non sufficiebat ad authenticitatem scripti. Si scripta non recognocebantur in testimonium vocabant tabellionem : ipse in judicio veniebat, et post jusjurandum, de scriptis et signo suo testebat : mortuo tabellione alii testes vocabantur.

Conventionibus quæ sine tabellione perpetrabantur, tres testes necessarii ad probandum signum et veritatem facti. Adhibentur etiam testes in judiciis, ut de facto quod controversitur, judici fidem faciant[3]. De hac solum modo specie loquimur. Et adhiberi testes possunt, non solum in criminalibus causis, sed etiam in pecuniariis litibus sicubi res postulat,

---

[1] Doctrina Pandectarum Mühlenbruch.
[2] Dig. XXII, 5. — Cod. IV, 20, De testibus.
[3] Pothier, Pandect.

et hi quibus non interdicitur testimonium, nec ulla lege a dicendo testimonio excusantur[1]. Primo loco inquirere debemus, qui sunt testes idonei, et quot requirantur ad probationem conficiendam; secundo loco, quæ pertineant ad evocationem testium, quomodo testimonia perhibeantur; tertio loco videbimus de falsorum testium pœna.

Qui testes sunt idonei? Et quot requiruntur ad probationem conficiendam?

Qui testes sunt idonei? Testes esse possunt hi quibus non interdicitur testimonium[2]. Vocantur idonei, qui fide digni intelliguntur; non idonei, qui ad testimonium inhabiles sunt propter suspectam fidem.

Non admittitur domesticum testimonium, ac multo minus in re propria testis idoneus.[3]

Propter reverentiam personarum, prohibentur liberti dicere in patronos; non dissimili ratione, testis idoneus pater filio, aut filius patri non est[4]. Multo minus parentes et liberi invicem, nec pro se, nec adversus se testes esse possunt, si liberi sint in potestate. Nam ut rescribunt VALERIANUS et GALLICUS: etiam jure civili domestici testimonii fides improbatur.[5]

In civilibus causis a testimonio repeluntur impuberes; in criminalibus minores, et alii quos lex Julia enumerat propter notam et infamiam vitæ suæ, et etiam publico judicio damnationem.

Sed non solum eorum qui lege prohibentur, sed et aliorum testimonia, quæ fide digna non putaverit, judex pro sua religione aut rejiciet, aut cautius fidem ei adhibebit.[6]

Testium fides diligenter examinanda est ideoque in persona eorum ex-

---

[1] Dig. lib. XXII, t. V.
[2] L. 1, S. 1, ff. De testibus, XXII, t. V.
[3] Doctrina Pandectarum MÜHLENBRUCH.
[4] L. 9, PAUL., Lib. 1, ad sub.
[5] POTHIER.
[6] Idem.

ploranda erunt in primis conditio cujusque : utrum quis decurio, an plebeius sit, et an honestæ vitæ et inculpatæ, an locuples vel egens, inimicus, vel amicus.

De numero testium. Ubi numerus testium non adjicitur, etiam duo sufficient[1]. Interdum autem plures requiruntur.

Ad generis probationem quinque testes requiruntur, si desint instrumenta ; vel tres, si illis instrumenta suffragentur[2]. Nunquam autem pauciores quam duo fidem faciunt.

Quæ pertineant ad evocationem testium, quomodo testimonio perhibeantur.

Regulariter quæcumque personæ testimonium dicere tenentur[3]. Sed quædam tamen personæ non possunt invitæ ad testimonium evocari, saltem in criminalibus causis, nam lege Julia judiciorum publicorum cavetur ne invito denuntietur, ut testimonium sicut adversus socerum, generum; vitricum, privignum, sobrinum, sobrino natum, eosve qui priore gradu sint.[4]

SCÆVOLA ait inviti testimonium dicere non coguntur, senes, valetudinarii, vel milites, vel qui cum magistratu causa absunt, vel quibus venire non licet.

JUSTINIANUS rescripsit in pecunariis causis non cogendos testes carcere, ut ad testimonium sistant. Judex testes morari non debet ultra quindecim dies, ea quo admoniti fuerint. Testes coram judice testimonium perhibere oportet.

JUSTINIANUS præcipit ut si quidem testes in urbe habitent, propria voce ferunt; si vero non adfuerint, mitti ad eos jubet procuratores partium, ut apud eos deponant quæ noverint, vel dejicerent quæ ignorant.[5]

---

[1] ULP. lib. 37.
[2] POTHIER.
[3] Idem.
[4] PAUL., lib. 2, ad L. Jul. et Pap.
[5] L. 16. Cod. H., t. IV, 20.

De falsorum testium pœna.

Summa severitate falsum testimonium puniebant Romani.

Falsi testes a judicibus competenter puniuntur.

Legimus apud Paulum, aut in exilium aguntur, aut in insulam releguntur, aut curia submoventur.

Circa falsos testes hæc extat Zenonis constitutio.

« Qui falsa in testimonio protulerit, primum quidem de perjurio, « deinde falsi crimine convenitur. Quod si cum in ipso testimonii tem- « pore mentiri suspicio sit, verberatur.

« Quod si is qui ex falso testimonio condemnatus est : civiliter agere « contra testem voluerit, quidquid damni fecit ab eo recipiet; ac præterea « falsus ille testis definitam legibus pœnam sustinebit. »

Justinianus tormentis si plebeiani potestatem judicibus dat, si decuriones ad magistratum referre debent.

DROIT CRIMINEL.

L'INCENDIE.

Tous les législateurs ont été frappés des dangers dont l'incendie menace la tranquillité publique, et ont réprimé ce crime avec sévérité.

Rome, avec ses fortes institutions et sa puissante énergie pour tout ce qui touchait aux intérêts généraux, punissait ce crime sévèrement. Le Code pénal de 1791, partie II, titre 2, section 2, article 32, prononçait la peine de mort contre le crime d'incendie, commis par malice et vengeance, ou à dessein de nuire à autrui. La loi du 29 pluviôse an IX, article 11, attribua la connaissance du crime d'incendie aux Cours spéciales exclusivement. Une juridiction semblable était conférée, par la loi du 23 floréal an X, aux Cours spéciales pour tout crime d'incendie de grange, meule de blé et autres dépôts de grains. Aujourd'hui la connaissance du crime d'incendie appartient aux Cours d'assises. L'article 434 du Code pénal, qui diffère peu, sur ce point, des dispositions du Code de 1791, est l'article capital sur cette matière. Cet article énumère lui-même les peines dont sera passible l'incendiaire. Remarquons ici que ces peines sont des peines spéciales, distinctes de celles portées contre les actes de destruction en général dans l'article 437 [1]. Un arrêt du 7

---

[1] Dalloz, Jurisprudence.

pluviôse an x consacre ce principe par application du Code pénal de 1791.

Pour que l'incendie soit réputé crime, il faut qu'il soit le résultat d'une volonté libre et capable de discernement; c'est la volonté qui est constitutive de crime, et ce point doit toujours faire l'objet d'une question spéciale au jury.

In sensu lato l'incendie doit être considéré sous deux rapports : sous le rapport civil et sous le rapport public ou criminel. L'incendie purement accidentel ne donne lieu qu'à l'action civile; l'incendie volontaire avec dessein de nuire à autrui, donne lieu à la fois à l'action civile et à l'action criminelle. C'est de ce dernier cas seulement que nous avons à nous occuper.

L'action civile naissant du fait d'un incendie accidentel, est fondée sur les articles 1382, 1383 et 1384 du Code civil. « Tout fait quel-« conque de l'homme qui cause à autrui un dommage, oblige celui par « la faute duquel il est arrivé, à le réparer; etc. » Ainsi ces cas se présentent pour le propriétaire contre les locataires imprudents ou négligents, ou contre tous locataires solidaires.

On s'est demandé si l'incendie de ses propres biens était incriminé par la loi, de même que la philosophie s'est demandé si le suicide était un meurtre.

Le droit de propriété est un droit absolu. *Usus, fructus et abusus*. On a le droit de détruire sa propre chose, peu importe par quel moyen; que j'abatte ma maison ou que je la brûle, j'en ai le droit, cela ne regarde personne.

Ce principe est incontestable; mais il faut distinguer différents cas. Si le propriétaire, en incendiant sa propre maison, cause du dommage à autrui, ou met en péril les propriétés voisines; il peut être poursuivi civilement en dommages-intérêts. S'il y avait dans ce fait l'intention criminelle de nuire à autrui, le propriétaire qui a mis le feu sera traité comme s'il avait directement mis ou voulu mettre le feu aux propriétés voisines; dans ce cas il y a incendie volontaire défini par le Code pénal.

Cependant il est encore un cas où l'incendie volontaire de sa propre maison, sans aucune possibilité, sans aucune intention de communiquer le feu aux maisons voisines, peut constituer un véritable crime : c'est le cas où la maison est *assurée* par une compagnie d'assurances contre l'incendie et où le propriétaire réclame la prime. Cette condition est indispensable; car un propriétaire assuré qui brûlerait sa maison, mais ne réclamerait rien à la compagnie d'assurances, ne serait passible d'aucune peine.

Cette question soulève encore d'autres difficultés dans la pratique, que nous indiquerons sommairement.

Le créancier hypothécaire qui a pris inscription sur une maison assurée, a-t-il hypothèque sur la prime quand la maison brûle? ou perd-il ses droits par la destruction de la maison? Ce point a donné lieu à de nombreuses controverses; les auteurs ne sont pas d'accord; la jurisprudence ne semble pas encore fixée; la loi garde le silence sur ce cas.

De l'incendie des biens d'autrui.

« Quiconque aura volontairement mis le feu à des édifices, navires, « bateaux, magasins, chantiers, quand ils sont habités ou qu'ils servent « à l'habitation, qu'ils appartiennent ou non à l'auteur du crime, sera « puni de mort, etc. »

Remarquons ici que lorsque la loi parle de lieux habités, elle entend par là des lieux habités par d'autres personnes que par le propriétaire; il est évident qu'un propriétaire n'a pas le droit d'incendier sa maison habitée par des locataires, ou même par d'autres personnes, dont la vie pourrait être mise en péril.

Il est peut-être utile de dire en passant, qu'en cas d'incendie volontaire la parenté n'est pas une excuse comme elle l'est pour le vol. Un fils qui vole son père n'est pas justiciable des tribunaux; tandis que le fils qui mettrait le feu à la maison de son père, pourrait être condamné à mort, et, dans ce cas, la parenté est plutôt considérée comme une circonstance aggravante que comme excuse.

« Sera puni de la même peine, quiconque aura volontairement
« mis le feu à tout édifice servant à des réunions de citoyens; qui-
« conque aura volontairement mis le feu à des édifices, navires, ba-
« teaux, magasins, chantiers, lorsqu'ils ne sont ni habités ni servant à
« l'habitation, ou à des forêts, bois, taillis, ou récoltes sur pied; lorsque
« ces objets ne lui appartiennent pas, il sera puni de la peine des travaux
« forcés à perpétuité.

« Quiconque aura volontairement mis le feu à des bois ou récoltes
« abattus, soit que les bois soient en tas ou en cordes, et les récoltes
« en tas ou en meules; si ces objets ne lui appartiennent pas, sera puni
« des travaux forcés à temps. — Celui qui, en mettant le feu à l'un des
« objets énumérés dans le paragraphe précédent, et à lui-même appar-
« tenant, aura volontairement causé un préjudice quelconque à autrui,
« sera puni de la reclusion. — Celui qui aura communiqué l'incendie à
« l'un des objets énumérés dans les précédents paragraphes, en mettant
« volontairement le feu à des objets quelconques, appartenant soit à lui,
« soit à autrui, et placés de manière à communiquer ledit incendie,
« sera puni de la même peine que s'il avait directement mis le feu à
« l'un desdits objets. Dans tous les cas, si l'incendie a occasionné la mort
« d'une ou plusieurs personnes se trouvant dans les lieux incendiés au
« moment où il a éclaté, la peine sera la mort. »

Les détails dans lesquels les législateurs du Code sont entrés, dis-
pensent presque de tout commentaire. On comprend pourquoi la loi
parle spécialement de l'incendie, quoique, au fond, ce ne soit qu'un
moyen de destruction, et que la loi ne parle pas de tous les différents
modes de destruction. C'est que, de tous les moyens que l'homme peut
employer pour détruire ou endommager la propriété d'autrui, le feu
est le plus terrible, parce qu'on ne peut ni en prévoir ni en calculer
toutes les conséquences, et qu'en même temps c'est le plus facile. Il
résulte des dispositions de la loi que le crime est le même, soit que
le feu ait été communiqué directement ou indirectement; il devait être
puni plus sévèrement quand il s'agit de bâtiments habités ou servant à

l'habitation, parce que dans ce cas la vie des hommes est en danger et que l'incendiaire peut devenir assassin ou meurtrier.

L'incendie causé par imprudence n'est qu'un délit; dans ce cas, comme dans tous les autres, c'est l'intention qui constitue le crime.

L'article 435 assimile à l'incendie la destruction par l'effet d'une mine. « La peine sera la même, d'après les distinctions faites en l'article précé-« dent, contre ceux qui auront détruit par l'effet d'une mine des édifices, « navires, bateaux, magasins ou chantiers. »

Toutes les règles établies par la loi sur la complicité des crimes et délits, sont applicables aux cas d'incendie. Le complice sera puni de la même peine que l'auteur principal. Le fait de complicité résultera de l'appréciation des circonstances.

Les principes qui régissent la tentative, trouvent également leur application quand il s'agit d'incendie. Toute tentative interrompue par une circonstance fortuite ou par un fait complétement étranger à l'auteur de la tentative, sera punie comme le crime lui-même.

« Quiconque aura volontairement brûlé ou détruit d'une manière « quelconque des registres, minutes ou actes originaux de l'autorité « publique, des titres, billets, lettres de change, effets de commerce ou « de banque contenant ou opérant obligation, disposition ou décharge, « sera puni ainsi qu'il suit :... etc. » (art. 439). Pour ce cas on assimile l'incendie à tous les autres moyens de destruction, parce qu'en effet, dans ce cas, il ne présente pas les circonstances aggravantes qui, ailleurs, ont nécessité toute la rigueur du législateur.

Nous avons dit que l'incendie par imprudence ou négligence était un simple délit. « L'incendie des propriétés mobilières ou immobilières d'au-« trui qui aura été causé par la vétusté ou le défaut soit de réparation, « soit de nettoyage des fours, cheminées, forges, maisons ou usines pro-« chaines, ou par des feux allumés dans les champs à moins de cent « mètres des maisons, édifices, forêts, bruyères, bois, vergers, planta-« tions, haies, meules, tas de grains, paille, foins, fourrages ou tout « autre dépôt de matières combustibles, ou par des feux ou lumières

« portées ou laissées sans précaution suffisante, ou par des pièces d'ar-
« tifice allumées ou tirées par négligence, sera puni d'une amende de
« cinquante francs au moins et de cinq cents francs au plus (art. 458),
« sans préjudice, bien entendu, de tous dommages-intérêts résultant de
« l'action civile. »

Des menaces d'incendie.

« La menace d'incendier une habitation ou toute autre propriété, sera
« punie de la peine portée contre la menace d'assassinat, et d'après les
« distinctions établies par les articles 305, 306, 307 » (art. 436).

« Quiconque aura menacé, par écrit anonyme ou signé, d'assassinat
« ou de tout autre attentat contre les personnes qui serait punissable de
« la peine de mort, des travaux forcés à perpétuité ou de la déportation,
« sera puni de la peine des travaux forcés à temps, si cette menace a
« été faite avec ordre de déposer une somme, ou de toute autre con-
« dition. Quand ces menaces sont faites sans ordre ou condition, la
« peine infligée par la loi n'est que l'emprisonnement de deux à cinq
« ans et une amende de cent à six cents francs. Si la menace a été ver-
« bale, la peine sera l'emprisonnement de six mois à deux ans et une
« amende de vingt-cinq francs à trois cents francs. »

Telles sont, en résumé, les principales dispositions du Code pénal sur l'incendie, dispositions sévères, mais nécessaires à la sûreté publique. La manière claire et précise, avec laquelle la loi a énuméré les différents cas qui présentent les éléments de criminalité, rend tout commentaire inutile.

En face de chaque crime le législateur a posé la peine, la proportionnant le plus possible à la volonté et aux conséquences qui pourraient en résulter.

FIN.

www.ingramcontent.com/pod-product-compliance
Lightning Source LLC
Chambersburg PA
CBHW060519050426
42451CB00009B/1062